Massimo Lapponi

L'irradiazione della vita monastica

Massimo Lapponi

L'irradiazione della vita monastica

Per un rinnovamento apostolico della vita consacrata claustrale

Edizioni Sant'Antonio

Imprint

Cover image: www.ingimage.com

Publisher:
Edizioni Accademiche Italiane
is a trademark of
Dodo Books Indian Ocean Ltd., member of the OmniScriptum S.R.L Publishing group
str. A.Russo 15, of. 61, Chisinau-2068, Republic of Moldova Europe
Printed at: see last page
ISBN: 978-613-8-39397-9

Abbazia Benedettina di Farfa
Comunità Benedettina di Ilukhena Sri Lanka

L'irradiazione della vita monastica nella Chiesa e nel mondo

Le immagini relative alla vita monastica e familiare sono del pittore Franco Verola

Presentazione

Con poche parole e molte immagini vogliamo lanciare un messaggio alle comunità monastiche e alle famiglie. L'intera vita umana è stata vivificata dal mistero di Cristo, ma come può penetrare questo mistero nella nostra realtà quotidiana? Le comunità monastiche custodiscono da secoli la risposta a questo interrogativo, ma oggi esse devono divenirne sempre più coscienti, e devono irradiare questo loro segreto sulla vita quotidiana dei fedeli, e soprattutto su quella vita umile e nascosta che si svolge tra le pareti domestiche e di cui forse dolorose circostanze recenti ci hanno fatto riscoprire il ruolo centrale per tutta l'esistenza umana.

Il mistero del tempio e del sacerdozio

La vita umana era come travolta dalle preoccupazioni quotidiane di procurare il cibo e di difendersi da tante ostilità. Solo nel tempio di Gerusalemme il pio israelita poteva aprire l'anima ad una luce diversa, che illuminava di una chiarore divino la sua esistenza. E nel tempio vi erano i sacerdoti, che non erano impegnati negli affari del mondo, ma nella preghiera e nel culto dovuto a Dio.

I fedeli israeliti andavano in pellegrinaggio al tempio ed esclamavano:

Quanto sono amabili le tue dimore,
Signore degli eserciti!

L'anima mia languisce
e brama gli atri del Signore.
Il mio cuore e la mia carne
esultano nel Dio vivente (...)
Beato chi abita la tua casa:
sempre canta le tue lodi!

(Salmo 83)

E desideravano acquisire anche loro qualche cosa del mistero del tempio.

Beato chi hai scelto e chiamato vicino,
abiterà nei tuoi atrii.
Ci sazieremo dei beni della tua casa,
della santità del tuo tempio.

(Salmo 64)

«Distruggete questo tempio e in tre giorni lo farò risorgere» (Gv 2, 19)

Ma il tempio doveva essere profondamente rinnovato da Cristo. Già quando egli fu portato per la prima volta nel tempio di Gerusalemme per la presentazione la presenza della sacra famiglia tra le sacre mura adombrava ciò che sarebbe stato il tempio della nuova Gerusalemme. In esso il Santo dei Santi sarebbe stato Gesù stesso, sempre accompagnato dalla sua Madre Santissima.

La vita umana rinnovata dal tempio si irradia nella vita del mondo

Ormai i signori del tempio, insieme al Padre celeste, sono l'uomo nuovo, Gesù Cristo, e la donna nuova, Maria. Essi non vivono con l'affanno di procurarsi da mangiare e da vestire, ma per diffondere il regno dell'amore di Dio sulla terra. Non dovrebbero i fedeli imitarli nella loro vita, e così far rifluire la luce del tempio nelle loro case e nelle loro strade?

Ma, aimé, come facilmente «la preoccupazione del mondo e l'inganno della ricchezza soffocano la parola ed essa non dà frutto» (Mt 13, 22)!

Non si allontanava mai dal tempio, servendo Dio notte e giorno con digiuni e preghiere (Lc 2, 37)

La vedova Anna, di cui parla il Vangelo, era una laica, che però immergeva tutta la sua vita nella luce del tempio. Ella è l'immagine e il modello delle anime consacrate, che non sono sacerdoti - anche se a volte alcuni lo divengono - bensì battezzati che non vogliono che il buon seme della parola di Dio sia soffocato dalla spine, e perciò costruiscono insieme una vita comunitaria diversa da quella del mondo, nella quale i più grandi doni di Dio - l'amore, il possesso e la libertà - che sono anche le più grandi tentazioni per l'uomo, non sono affatto negati, ma sono ricondotti alla loro fonte divina, e vengono così purificati da ogni inquinamento del peccato, tramite i voti di castità - o meglio di amore verginale - di povertà e di obbedienza.

Tutti gli ospiti che giungono in monastero siano ricevuti come Cristo (Regola di San Benedetto, cap. 53)

La vita comunitaria che sgorga da questa consacrazione è un modello di vita umana non più rivolta principalmente a procurarsi da mangiare e da vestire, ma a vivere l'amore di Dio e a diffonderlo sulla terra. Le comunità che incarnano questo modello portano la luce del tempio nella vita di tutti i giorni, e non è questo il vero "sacerdozio dei fedeli", cioè la vita irradiata dall'esempio di Cristo e di Maria, e non dagli esempi degli uomini e delle donne del mondo?

Ma possono due sposi e i loro figli imitare questo modello, portare la luce del tempio nelle loro case ed esercitare il "sacerdozio dei fedeli"? Può lo sposo essere come Cristo e la sposa come Maria? Possono i figli ricevere da loro più la vita dell'anima, irradiata dall'amore divino, che la vita del corpo?

Certo, possono imitare questo modello nella misura in cui lo hanno presente davanti ai loro occhi. Per questo le comunità claustrali devono offrire un esempio il più possibile perfetto di vita consacrata e mettere le famiglie umane in condizione di condividerlo, attraverso l'ospitalità bene indirizzata, l'insegnamento e l'esempio.

foresteria
monastica

Il sacerdozio dell'uomo e della donna

Il sacerdozio dei fedeli si esplica in modi diversi nell'uomo e nella donna. Cristo è il modello del sacerdozio dell'uomo, che sacrifica l'orgoglio maschile e la sua avidità di potere per mettersi al servizio della vita, in comunione di amore con la sua sposa, e Maria è il modello del sacerdozio femminile, che, rinunciando alla vanità e all'ambizione, purifica il proprio amore per renderlo strumento dello Spirito Santo e portare nel mondo, in unione profonda e sincera con il suo sposo, la luce dell'amore per tutti gli uomini, nei quali riconosce l'immagine dei suoi propri figli.

E dove si esercita primariamente questo sacerdozio se non tra le mura domestiche? Non dovrebbe la dimora della famiglia diventare, grazie a questo sacerdozio, come dice San Benedetto del monastero, «la casa di Dio, in cui nessuno si turbi e si rattristi» (Regola di San Benedetto, cap. 31)?

Questo significa che il lavoro che si compie dentro casa è il lavoro più prezioso e che ad esso sono chiamati tutti, lo sposo come la sposa, i figli come le figlie. San Benedetto, che scrive per una comunità maschile, ammonisce che l'officina in cui le virtù dei suoi figli devono essere principalmente esercitate è costituita «dai chiostri del monastero e dalla stabilità nella propria famiglia monastica» (Regola di San Benedetto, cap. 4).

Forse la recente emergenza potrà aiutarci a riscoprire il grande valore dell'impegno che si esercita tra le pareti domestiche per rendere la nostra casa una «casa di Dio», mentre l'esempio delle comunità monastiche ci mostra come questo impegno possa avere una grande influenza su tutta la società. Non per nulla il senso originale della parola "economia" non è altro che OIKOS NOMIA, cioè OIKOS = casa (domus), NOMIA = regola. Quindi economia significa primariamente: buon regolamento della vita della domus (domestica). Trascurate questo, e tutto il resto non si regge.

E se riflettete bene, vedrete che il buon regolamento della vita della domus non limita l'attività della donna e dell'uomo a lavori oscuri e umilianti. Per prima cosa i lavori di maggior impegno e fatica fisica non sono affatto umilianti, ma al contrario hanno un valore educativo e autoeducativo insostituibile, perché ci abituano ad essere padroni di noi stessi, del nostro corpo, dei nostri sentimenti, delle nostre tendenze egoistiche, e se li svolgiamo con spirito di abnegazione, ci associano al sacrificio redentore di Cristo. Inoltre la cura della casa ha certamente bisogno della base più umile e materiale - che poi realmente materiale non è, come si è detto - ma per poi elevarsi alle realtà più alte. E la prima di esse è la preghiera.

Il posto che la preghiera, comune e privata, ha nelle comunità religiose deve essere di modello per la preghiera nelle famiglie. Purtroppo questo è un punto in cui moltissime famiglie hanno bisogno di operare un sostanziale cambiamento, perché nella loro vita non solo il posto della preghiera è ridottissimo, ma non vi è alcun impegno ad arricchire la preghiera con lo studio, la ricerca dei testi opportuni, la cura dell'espressione e del canto, la decorazione dell'ambiente del culto. In questo le comunità religiose devono per prime impegnarsi, più di quanto troppo spesso non facciano, per poi dare l'esempio e l'insegnamento opportuno alle famiglie che le frequentano.

Proprio da una preghiera curata e ben fatta, nell'ambito comune e personale, sgorgherà la luce che renderà padre, madre e figli partecipi del sacerdozio dei fedeli e renderà la loro dimora una vera "casa di Dio", un prolungamento del tempio del Signore.

Beato chi abita la tua casa: sempre canta le tue lodi!

Una parte non secondaria, ma sostanziale della preghiera è il canto. San Paolo scrive:

«La parola di Cristo dimori tra voi abbondantemente; ammaestratevi e ammonitevi con ogni sapienza, cantando a Dio di cuore e con gratitudine salmi, inni e cantici spirituali» (Col 3, 16).

Quanti mettono in pratica questa esortazione dell'apostolo? In questo le comunità religiose devono impegnarsi seriamente, per poi dare l'esempio e le necessarie istruzioni alle famiglie.

Osserviamo che San Paolo non dice di cantare alla meglio o alla peggio. Ovviamente, se il canto deve commuovere gli animi, deve essere fatto bene. E ciò significa che è necessario spenderci tempo e fatica.

E la musica e il canto nella vita familiare non servono soltanto per la preghiera, ma dovrebbero rallegrare i momenti di intimità familiare molto più di quanto comunemente oggi non avvenga. Questo, certamente, è dovuto anche alla decadenza attuale della musica, sacra e profana. Ma tanto più ciò dovrebbe esortare a dedicare impegno a questo aspetto così importante della vita umana.

Dunque a quanto pare l'impegno domestico non è poi così squallido e banale!

I fratelli si servano a vicenda e nessuno sia dispensato dal servizio della cucina, se non per malattia o per un impegno di maggiore importanza, perché così si acquista un merito più grande e si accresce la carità (Regola di San Benedetto, cap. 35)

Ma perché la nostra dimora sia veramente la casa di Dio, in cui nessuno si turbi e si rattristi, bisogna che essa sia pulita e ordinata. E questo, come insegna San Benedetto, è un impegno molto nobile e meritorio davanti a Dio e un grande esercizio di carità. Del resto, la preghiera non richiede soltanto lo studio della Sacra Scrittura e l'impegno nel canto, ma anche che la chiesa, il coro o l'angolo familiare della preghiera siano puliti e ordinati.

Gli ospiti del monastero, aiutando in questo la comunità monastica, possono imparare a fare lo stesso in casa.

E, oltre l'ambiente della preghiera, ovviamente tutta la casa deve risplendere come una dimora accogliente, cosicché gli ospiti che la frequentano possano esclamare: «Questa è proprio la casa di Dio e la porta del cielo» (Gn 28, 17).

Il pasto: un rito e un impegno comune

Oggi impera il fast-food e ognuno si arrangia come crede, ponendo la propria attività professionale, scolastica, sportiva o altro al di sopra del rispetto per gli orari familiari. Quando poi capita di mangiare insieme, televisione accesa, oppure padre dietro al giornale e figli con il telefonino in funzione, ognuno per sé e Dio per tutti - si fa per dire!

Tradizionalmente, invece, il pasto era un rito di comunione, al quale si invitavano gli ospiti di maggior riguardo come segno di comunione con loro, quasi fossero invitati a partecipare al calore sacro della comunità familiare. Chissà se l'attuale emergenza non ci inviti, tra le altre cose, anche a ricostruire questo calore sacro, andato così miseramente perduto!

Ma bisogna incominciare a rimboccarsi le maniche e a prendere esempio da chi sa dedicare il proprio tempo ed impegno comunitariamente per rendere sempre più gustosi i doni di Dio.

Su questo anche i monaci maschi avrebbero molto da imparare. Ma certamente la mensa monastica conserva ancora oggi il suo carattere di ritualità, con la preghiera iniziale, alla quale non è lecito non essere puntuali, il silenzio rispettoso, la lettura, il servizio a tavola a turno e la cordiale e moderata conversazione nei giorni festivi. Tutte cose da cui anche le famiglie potrebbero trarre ispirazione.

E perché lasciare sulle spalle della povera mammina tutto il riordino delle stoviglie?

Il lavoro in casa e il lavoro fuori casa

Ma il lavoro in casa ha moltissimi risvolti, tanto da poter impegnare le migliori facoltà di tutti i membri della famiglia, non solo per i servizi più umili di pulizia, di lavaggio, di cucina o altro, ma anche per decorare con gusto la casa di Dio o per utili e redditizi lavori di artigianato, per la gioia dei bambini, l'utilità comune e il risparmio.

Chi ha del terreno potrebbe imitare l'operosità dei monaci, che, non soltanto nel medioevo, ma spesso anche oggi, hanno cura di orti e giardini. L'attuale interesse per l'ecologia sembra molto favorevole a sviluppare questo genere di attività, negli adulti come anche nei piccoli, per i quali essa sarebbe, oltre che un utile esercizio fisico all'aria aperta, anche un potente mezzo educativo all'impegno ordinato e una lezione di religione naturale, nella contemplazione delle opere della creazione e nella cura per la loro salvaguardia.

Ovviamente anche il lavoro professionale è prezioso, non solo per il guadagno economico, ma anche perché permette di trasmettere nel proprio ambiente di lavoro tutto ciò che si è ricevuto nell'ambiente domestico.

F. VEROLA
F. VEROLA

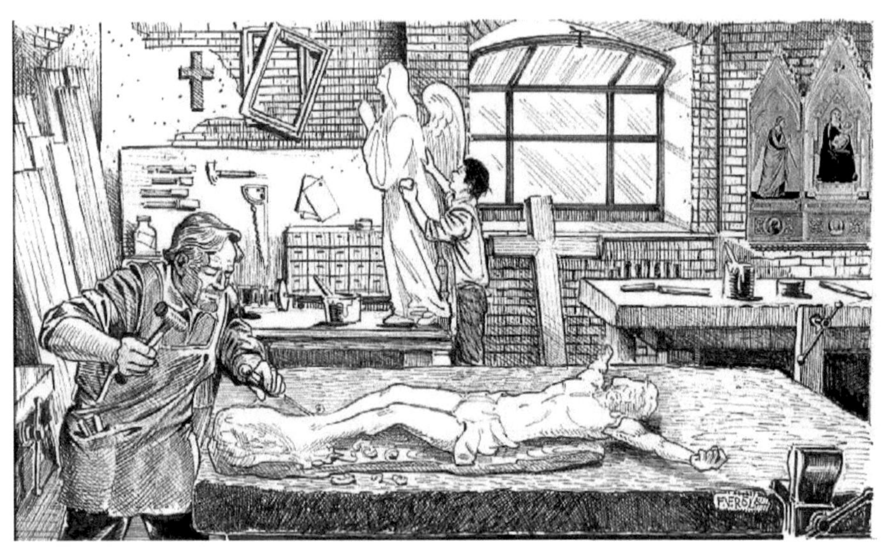

La formazione e lo studio

Non bisogna credere che lo studio e l'impegno alla formazione propria ed altrui siano riservati esclusivamente alla scuola. Certamente la scuola è importate, ma, oltre ai seri dubbi che suscitano certe tendenze della scuola di oggi, essa non può in alcun modo sostituire la formazione che deve essere data dalla famiglia. La stessa scuola catechistica ha bisogno di essere sostenuta in modo sostanziale dalla formazione religiosa data in famiglia.

Oltre al buon esempio e alla pratica quotidiana delle virtù, che l'impegno servizievole di tutti nei lavori più umili, come abbiamo visto, ha il compito insostituibile di far penetrare profondamente negli animi, è necessaria anche la formazione della mente attraverso lo studio, la lettura e la familiarità con le migliori espressioni dell'ingegno umano nei diversi ambiti della scienza, delle lettere, dell'arte e della religione.

Purtroppo ai nostri giorni dilaga sempre più una cultura di basso livello, e purtroppo anche manifestazioni delle più degradanti degenerazioni, messe alla portata di tutti, compresi adolescenti, preadolescenti e bambini. attraverso i moderni mezzi di comunicazione.

Una famiglia che voglia rendere la propria dimora una casa di Dio, non può non affrontare questa invasione di cultura deteriore e di degenerazione con la più grande determinazione. Lasciarsi andare alla corrente è irresponsabile.

Per prima cosa bisogna limitare molto l'uso dei mezzi elettronici, e non ammettere ad essi i piccoli prima di un'età conveniente. Bisogna poi escludere dalla propria casa ogni contenuto inaccettabile, sia che sia diffuso dai mezzi elettronici o dalla televisione, sia che si trovi in libri, giornali o riviste. Se non si vigila attentamente, sappiamo bene quanti messaggi negativi girano per le case.

Ma a questa opera di esclusione del male si deve affiancare un'opera di promozione del bene. Non solo, cioè, nella casa non devono girare messaggi negativi, ma, al contrario, bisogna rendere presente e ben visibile tutto ciò che può trasmettere messaggi positivi e formativi, nelle letture come nei video, nella musica, nell'arte, nei giochi e in tutto ciò che può influire sulla formazione dell'animo nostro e dei nostri figli.

Per questo bisogna tener presente che internet non soltanto mette in giro cose deteriori, ma è anche un mezzo che permette di usufruire di immensi tesori di cultura, di musica, di arte e di religione. Di questa opportunità, che un tempo non esisteva, bisogna saper approfittare.

Nello stesso tempo bisogna anche coltivare i mezzi più tradizionali, e soprattutto la formazione di una buona biblioteca. Quale tesoro può essere per i piccoli e per i giovani avere sotto mano libri pieni di saggezza, di bellezza e di religione! Ci sono nelle nostre case?

A questo punto sorge l'obiezione: ma chi ci insegna ad orientarci in mezzo alla babilonia di internet o a trovare i libri o i video più validi in mezzo alla produzione deteriore che ci inonda?

L'obiezione è più che giusta. È evidente che vi è la necessità di un'istruzione che esca dai comuni programmi scolastici, che potrebbero e dovrebbero fornire proprio le comunità religiose e che poi i genitori dovrebbero impegnarsi a trasmettere ai propri figli. Sarebbe una missione urgente dei pastori e delle comunità religiose dare questo aiuto alle famiglie, che ne hanno urgente bisogno. Ma le stesse comunità religiose hanno il dovere di coltivare e di approfondire le conoscenze religiose e umane necessarie ad orientarsi e ad orientare gli altri in questo difficile momento.

F.VEROLA

ORA ET LABORA
F.VEROLA

INRI
GIOVANNI
PAOLO II
LA DIVINA COMMEDIA

S. AGOSTINO

I momenti conviviali e il riposo

Usufruire dell'arte, della musica, di spettacoli belli e appaganti non rientra soltanto nella sfera dello studio, ma dovrebbe rallegrare anche i momenti di ricreazione comune e di distensione alla fine della giornata in preparazione al riposo notturno. Purtroppo anche in queste cose si sono introdotte abitudini deleterie. I divertimenti più comuni spesso sono inquinati da contenuti volgari o peggio e da pessimi costumi, molto diffusi fra i giovani, ma non per questo meno riprovevoli. Vi è inoltre la tendenza a cercare questi diversivi lontano dalla famiglia, favorendo la mancanza di controllo e un individualismo deleterio. Troppo spesso la sera si cerca disperatamente un appagamento con divertimenti fuori casa, fuori misura e fuori tempo, perdendo così anche il beneficio del sano riposo notturno.

A tutto ciò è necessario reagire riscoprendo la vera bellezza pacificante dell'arte e della musica vera e ritornando a rendere lo svago e la distensione serale un bene di famiglia e non una fuga da essa. La sera è bene restare in casa, gioire insieme di ciò che offre l'arte o il sano divertimento, concludere con la preghiera e non troppo tardi andare a riposare in pace e in silenzio, imitando le regole e i costumi delle comunità claustrali.

Anche i mezzi moderni, bene usati, possono offrire un sostanziale contributo ad arricchire i momenti di ricreazione e di svago con esperienze gratificanti. Anche in questo le comunità religiose dovrebbero essere in grado di offrire il proprio sostegno, dopo avere acquisito la necessaria formazione.

MOZART

La protezione dell'ambiente familiare

San Benedetto vuole che i monaci che devono andare per qualche ragione fuori dal monastero o in viaggio, ricevano una speciale benedizione e siano accompagnati dalla preghiera dei confratelli, perché, come nel monastero ci si impegna a costruire la casa di Dio, così purtroppo molto spesso nel mondo ci si trova nella casa del diavolo. Per questo il monaco deve sempre ricordare a quale mondo appartiene e, una volta svolta la sua missione nel mondo, deve affrettarsi a ritornare in comunità.

Anche le famiglie dovrebbero offrire una analoga protezione ai loro membri, soprattutto ai più giovani, e questi ultimi dovrebbero imparare ad amare la propria casa, come appunto la casa di Dio, nella quale nessuno si turba e si rattrista, perché è regolata dalle norme sagge stabilite da San Benedetto.

Per questo la vita nella casa di Dio deve essere gioiosa e amabile, proprio grazie all'impegno di ciascuno a fare la sua parte perché ogni cosa si faccia nel modo e nel tempo dovuto. Questo ci fa capire quanto sia importante, nella vita della casa, la virtù della puntualità.

Con quanta gioia i nostri giovani dovrebbero giungere finalmente a casa dopo i vari impegni esterni con la scuola, lo sport, gli amici!

Arredamento e vestiario

San Benedetto dà soltanto alcune sobrie indicazioni sull'arredamento degli ambienti del monastero e sugli abiti dei monaci. Ma la successiva tradizione ha molto sviluppato queste poche indicazioni, nelle quali il santo ha mostrato quanto anche questi elementi siano fondamentali per ben regolare la vita nella casa di Dio.

Se per San Benedetto l'oratorio del monastero deve essere ciò che dice il suo nome, e perciò non vi si deve fare o riporre nulla di estraneo, ciò significa che gli ambienti della casa di Dio devono favorire la vita buona che in essi si conduce. Per questo i monaci, attraverso i secoli, hanno arredato le loro dimore con immagini e sculture sacre, non solo nella chiesa, ma anche negli ambulacri, nei chiostri e nelle stanze private. Allo stesso modo, anche gli abiti da loro indossati sono stati un richiamo alla sacralità della loro vita, e ciò molto spesso non ha nuociuto affatto all'estetica.

Da questi esempi anche le famiglie possono trarre spunto, non solo per adornare convenientemente il loro spazio di culto, ma anche per conferire agli ambienti di residenza comune o privata, attraverso una sapiente scelta e disposizione dell'arredamento, l'atmosfera adatta a nutrire sentimenti e abitudini sante e sane.

Gli stessi abiti monastici possono suggerire un'estetica che sia anche espressione dell'anima.

La carità

Ma curare tanto la vita interna della casa di Dio finirà per chiudere il cuore dei membri della famiglia alle sofferenze dei bisognosi? No, certamente! Che formazione cristiana sarebbe quella coltivata nella casa di Dio se non fosse aperta a tutti i problemi della società?

Ma San Benedetto insegna che i problemi non sono mai legati soltanto alla vita del singolo, bensì investono tutta la sua famiglia e il suo gruppo sociale. Perciò il miglior rimedio che si possa apportare è di sanare tutta la vita associata, a cominciare dalla vita familiare. Una vita familiare rinnovata alla luce della Regola di San Benedetto e dell'esempio e dell'insegnamento elargito dalle comunità claustrali sarà la migliore prevenzione contro i mali che affliggono la società, e certamente la prevenzione è meglio della terapia.

Ma anche là dove i mali sono già penetrati la cura migliore sarà sempre quella di risanare l'intera vita familiare delle persone sofferenti bisognose, e in questo non soltanto i singoli membri, ma tutta insieme la famiglia che si trova in condizioni migliori deve mettere nel suo programma di farsi carico delle famiglie più sfortunate e di portare ad esse, con il soccorso materiale, anche l'esempio, il sostegno, la formazione necessari perché esse possano a poco a poco risanarsi e farsi a loro volta carico di irraggiare su altre famiglie sventurate la fiamma della carità di San Benedetto, che dai chiostri, attraverso la famiglie che da essi ricevono sostegno, si riversa nei più remoti anditi della società.

Corresponsabilità

San Benedetto stabilisce che l'abate convochi la comunità per discutere insieme dei problemi del monastero e che, prima di prendere una decisione, ascolti il parere di tutti, anche dei più giovani.

In tutta la Regola vi è l'invito alla corresponsabilità esteso a tutti i monaci. Così, ad esempio, San Benedetto vuole che tutti abbiano cura degli oggetti appartenenti al monastero, che se ne faccia l'inventario e che nulla vada perduto o sciupato.

Se questa stessa premura animasse i componenti di una famiglia, non solo si eviterebbero inutili sprechi e spese, ma si darebbe un contributo sostanzioso alla salvaguardia dell'ambiente, impedendo la dispersione di materiali che potrebbero essere utilizzati e l'accumulo di cose superflue.

Ma la corresponsabilità diviene più cosciente se si imita la disposizione di San Benedetto di affrontare insieme i problemi riunendo il capitolo della comunità. Allo stesso modo le famiglie potrebbero riservare momenti di comune, prudente e caritatevole discussione di problemi familiari, in modo da rendere tutti partecipi delle responsabilità e delle decisioni prese in comune.

Il primo capitolo familiare che si suggerisce è quello organizzato per decidere insieme di adottare, con entusiasmo, se possibile sotto la guida di una comunità monastica, questo rinnovamento della vita familiare, con il quale si desidera rendere la propria dimora una casa di Dio, nella quale nessuno si turbi e si rattristi.

INDICE

Printed by Books on Demand GmbH, Norderstedt / Germany